BEI GRIN MACHT SICH WISSEN BEZAHLT

- Wir veröffentlichen Ihre Hausarbeit, Bachelor- und Masterarbeit

- Ihr eigenes eBook und Buch - weltweit in allen wichtigen Shops

- Verdienen Sie an jedem Verkauf

Jetzt bei www.GRIN.com hochladen und kostenlos publizieren

GRIN

Bibliografische Information der Deutschen Nationalbibliothek:

Die Deutsche Bibliothek verzeichnet diese Publikation in der Deutschen National-
bibliografie; detaillierte bibliografische Daten sind im Internet über http://dnb.d-
nb.de/ abrufbar.

Impressum:

Copyright © 2015 GRIN Verlag, Open Publishing GmbH
Druck und Bindung: Books on Demand GmbH, Norderstedt Germany
ISBN: 978-3-668-04160-8

Dieses Buch bei GRIN:

http://www.grin.com/de/e-book/306076/die-funktion-von-maerchen-und-mythen-
in-walter-benjamins-berliner-kindheit

Stefanie Poschen

Die Funktion von Märchen und Mythen in Walter Benjamins „Berliner Kindheit um 1900"

GRIN Verlag

Institut für Germanistische und Allgemeine Literaturwissenschaft der RWTH Aachen

Veranstaltung: NDL/Kindheiten in der Literatur

Semester: SoSe 2015

Die Funktion von Märchen und Mythen

in Walter Benjamins „Berliner Kindheit um 1900"

Stefanie Poschen

Aachen, 04.08.2015

Inhalt

1. Einleitung

Märchen und Mythen scheinen eng mit den Kindheitserinnerungen verbunden zu sein und auch für das Erinnern eine wichtige Rolle zu spielen. Kaum ein Kind wächst ohne „Grimms Märchen" oder mythologische Geschichten auf. Die Phantasie eines Kindes ist nahezu unbegrenzt, sodass es nicht verwunderlich ist, dass gerade diese Art von Erzählungen bei Kindern so beliebt ist.

Gegenstand der Untersuchung dieser Ausarbeitung soll Walter Benjamins Erzählung „Berliner Kindheit um 1900" sein, die aus mehreren Erinnerungstexten aus der Kindheit besteht.[1] Obwohl zwischen Autor und Erzählerfigur differenziert werden muss, sind autobiografische Bezüge in den Erzähltexten nicht von der Hand zu weisen. Bei näherer Betrachtung der einzelnen Textminiaturen, fallen ebenfalls intertextuelle Verweise auf Märchen und Mythen ins Auge. Besonders die mythologischen Bezüge sind sehr auffällig und bieten Anlass zur Interpretation. Die märchenhaften Elemente sind ebenfalls nicht zu übersehen und sollen näher in Augenschein genommen und auf ihre Funktion hin untersucht werden.

Somit liegt der Fokus dieser Ausarbeitung auf den märchenhaften und mythologischen Elementen in Benjamins „Berliner Kindheit um 1900" und deren Funktion in der Erzählung. Was haben Zeus, Ariadne und die Mutter Schneewittchens für eine Funktion für die Erzählung? Welche Alltagsmythen greift Benjamin auf?

Dies soll im Rahmen der Hausarbeit untersucht und herausgearbeitet werden. Hierzu sollen nach einer kurzen Einführung des Autors und des Werkes mehrere Textbeispiele aus Benjamins „Berliner Kindheit um 1900" näher betrachtet und analysiert werden. Es wird sich herausstellen, dass die mythologischen und märchenhaften Intertexte verschiedene Funktionen in den Erzählungen erfüllen.

Abschließend werden die Untersuchungsergebnisse in einem Fazit zusammengefasst und ein Ausblick auf weitere Untersuchungsaspekte gegeben.

---

[1] Benjamin, Walter: Berliner Kindheit um 1900. Frankfurt: Suhrkamp 2013 (im Folgenden zitiert als: Benjamin: Berliner Kindheit).

2. Zu Autor und Werk

2.1 Über Walter Benjamin

Walter Benjamin wurde 1892 als Sohn einer wohlhabenden deutsch-jüdischen Familie in Berlin-Charlottenburg geboren.[2] Die großbürgerliche Kindheit spiegelt sich auch in „Berliner Kindheit um 1900" wider, wo das Leben in Berlin und das Aufwachsen in einer Villenwohnung beschrieben wird. Ab 1930 werden die Arbeitsbedingungen als Autor immer schwieriger. Er verlässt 1933 Deutschland und geht ins Pariser Exil.[3]

Im Exil bleiben seine Bemühungen vergebens Anschluss an die dortige Intellektuellenszene zu bekommen und er bleibt ein Außenseiter.[4] Im Gegensatz zu seiner reichen und behüteten Kindheit lebte er im Exil am Existenzminimum und ist aufgrund finanzieller Not mehrfach dazu gezwungen umzuziehen. Im Verlaufe des zweiten Weltkrieges flieht er aufgrund vorrückender deutscher Truppen in Richtung Spanien, wird aber wegen eines fehlenden Ausreisevisums an der Durchreise – und somit an der Flucht in die U.S.A – gehindert. In einem Hotel an der Grenze nimmt sich der mittlerweile schwer kranke Benjamin am 26. September 1940 mit einer Überdosis Morphium das Leben.

Auch wenn in „Berliner Kindheit um 1900" grundsätzlich zwischen Autor und Erzählerfigur unterschieden werden sollte, sind dort durchaus autobiographische Bezüge zu finden. Ein Blick auf Walter Benjamins Leben ist somit hilfreich, um sich in den Kindheitserinnerungen der Erzählung zurecht zu finden.

2.2 Zur Entstehungsgeschichte

Da die Entstehungsgeschichte des Werkes wesentlich zu dessen Verständnis beiträgt, soll an dieser Stelle kurz auf die Umstände der Entstehung und die verschiedenen Fassungen eingegangen werden. Walter Benjamins „Berliner Kindheit um 1900" basiert auf der Auftragsarbeit „Berliner Chronik", die er im Jahre 1931 zu verfassen begann und später im Exil bearbeitete.[5] Durch den Auftrag der *Literarischen Welt* „eine Reihe von subjektiv eingefärbten Geschichten über seine Heimatstadt Berlin zu

---

[2] Vgl. Werner, Nadine: Zeit und Person. In: Benjamin-Handbuch. Leben – Werk – Wirkung, hg. von Burkhardt Lindner. Stuttgart und Weimar: Metzler 2006, hier S. 5.
[3] Vgl. ebd., S. 6.
[4] Vgl. ebd.
[5] Vgl. Lemke, Anja: Berliner Kindheit um neunzehnhundert. In: Benjamin-Handbuch. Leben – Werk – Wirkung, hg. von Burkhardt Lindner. Stuttgart und Weimar: Metzler 2006, hier S. 654 (im Folgenden zitiert als: Lemke: Berliner Kindheit).

verfassen"[6], wurde Benjamin veranlasst, sich mit den eigenen Kindheitserinnerungen zu befassen und sie in eine literarische Form zu bringen.[7] Zu Benjamins Lebzeiten sind nur einzelne Texte, zum Teil unter einem Pseudonym, veröffentlicht worden.[8] Erst im Jahre 1950 gab Theodor W. Adorno die einzelnen Erinnerungstexte als Buch heraus; mit der Gesamtausgabe von 1972 erschien eine erweiterte Fassung und im Nachtragsband wurden später die in der Pariser Nationalbibliothek gefundene Fassung „Handexemplar komplett" und die „Gießener Fassung" aus dem Jahre 1932 veröffentlicht.[9]

Wie verdeutlicht wurde, liegen die einzelnen Textfragmente in verschiedenen Anordnungen und Umfängen vor. Als Grundlage der Ausarbeitung diente hier die Anordnung von Walter Benjamin.[10]

Die Erzählung „Berliner Kindheit um 1900" besteht somit aus mehreren Textminiaturen, die, wie bereits erwähnt, von Walter Benjamin im Exil zu einem Werk zusammengefügt wurden.[11] Die einzelnen Fragmente lassen sich innerhalb des Werkes in ihrer Anordnung variieren und bilden keine feste Abfolge. Die vielen Versuche, die einzelnen Texte nach bestimmten Motiven zu ordnen und Textkohärenz zu schaffen[12], zeigen, dass sich diese Aufgaben als sehr komplex erweisen. Anja Lemke beschrieb dieses Phänomen treffend als „Kaleidoskop der Erinnerungen"[13] durch das mit jeder Neuordnung der einzelnen Erinnerungsdarstellungen ein neues Gesamtbild entsteht und somit mit einer neuen Deutungsoption verbunden ist.[14] Besonders die fragmentarische Struktur des Werkes, verdeutlicht die Kindheitserinnerungen, die ebenfalls Lücken, Zeitsprünge und bruchstückhafte Züge aufweisen. Somit nimmt die fragmentarische Struktur der Erzählung einen hohen Stellenwert ein, die ebenfalls wesentliches Merkmal der Erinnerung an sich darstellt. Die einzelnen Erzählelemente erlauben somit auch eine separate Betrachtung und müssen aufgrund ihrer Losgelöstheit nicht zwingend kontextualisiert werden.

---

[6] Ebd.
[7] Vgl. ebd.
[8] Vgl. ebd.
[9] Vgl. ebd.
[10] Benjamin: Berliner Kindheit.
[11] Vgl. Lemke: Berliner Kindheit, S. 654.
[12] Vgl. ebd., S. 656.
[13] Ebd.
[14] Vgl. ebd.

3. Mythologische Elemente

3.1 Mythen in „Berliner Kindheit um 1900"

Zunächst sollen die mythologischen Elemente in Benjamins „Berliner Kindheit um 1900" näher in Augenschein genommen werden. Da im Rahmen der Ausarbeitung nicht alle mythologischen Aspekte in diesem Werk bearbeitet werden können, wurden drei Textfragmente ausgewählt, die besonders auffällige Verweise auf die Mythologie bieten.

3.2 Das Labyrinth und das Motiv des sich Verirrens

Bereits am Anfang der Episode „Tiergarten" wird das Motiv des sich Verirrens aufgegriffen, indem die Stadt mit einem Wald verglichen wird, in dem man sich leicht verirrt.[15] Nicht nur die Labyrinthe auf den Löschblättern der Schulhefte, sondern besonders auch das Labyrinth im Park „dem seine Ariadne nicht gefehlt hat"[16] scheinen eine prägende Kindheitserinnerung zu sein. Ziel des Kindes ist die prunkvolle Statue der Königin Luise, die umgeben von einem Wasserlauf im Berliner Tierpark auf einem Sockel steht.[17] Mit der Vorstellung, dass Ariadne dort in der Nähe des Labyrinths ihr Lager gehabt haben müsse, wird der griechische Theseus-Mythos aufgegriffen und mit den Empfindungen des Kindes verbunden.[18] Durch die Ariadne erfährt das Kind, für das das Wort Liebe erst später ein Begriff werden soll, erstmals was Liebe ist.[19]

Nach dieser griechischen Sage ist König Minos verpflichtet, dem Minotaurus – ein grausames Wesen halb Mensch, halb Stier – das in dem von Daidalos erbauten Labyrinth auf Kreta lebt, regelmäßig Menschopfer darzureichen.[20] Theseus erhält die Aufgabe, den Minotaurus zu erlegen und wählt, wie das Orakel zuvor geraten hat, Aphrodite als Führerin für die Fahrt über das Meer.[21] Diese entfacht in der Königstochter Ariadne die Liebe zu Theseus, was sie dazu veranlasst, ihm ein Knäuel

---

[15] Vgl. Benjamin: Berliner Kindheit, S. 23.
[16] Ebd..
[17] Vgl. ebd.
[18] Vgl. ebd.
[19] Vgl. ebd.
[20] Vgl. Göll, Hermann: Illustrierte Geschichte der Mythologie. Darmstadt: Bechtermünz 1991, S. 200 (im Folgenden zitiert als: Göll: Geschichte der Mythologie).
[21] Vgl. ebd., S. 201.

zu geben, damit er mithilfe des Fadens nach der Erlegung des Minotaurus aus dem Labyrinth herausfindet.[22]

Anna Stüssi betont, dass durch die Verbindung der Erzählung mit der Mythologie, die reale Welt von Ort und Zeit losgelöst wird und somit die „Erlebensweise des Kindes" wiedergegeben wird.[23] Dem ist zuzustimmen, da die Realität in der Erzählung zu verschwimmen scheint und einer phantastischen Welt weicht, in der Mythen aus der Antike Platz finden. Stüssi stellt ebenfalls heraus, dass die Ariadne kein reales Wesen darstelle, sondern vielmehr durch ihre Abwesenheit und Unerreichbarkeit das Geheimnisvolle und das mythische Wesen verkörpere.[24] Die Vieldeutigkeit des Namens „Ariadne", der für Liebe, Glück, Gefahr und Rettung stehen kann, sei vergleichbar mit der Vieldeutigkeit der Welt des Kindes.[25] Ebenfalls könne der Bezug zur Mythologie das „ahnende Begreifen"[26] verdeutlichen, das im Kontrast zu den wirklichen Erscheinungen steht. Dies stimmt auch mit der Tatsache überein, dass das Kind in dem Moment die erstmalig empfundene Liebe nur erahnen kann und sie somit für das Kind noch ungreifbar ist, da das Wort Liebe erst später fassbar wird.[27] Der Erinnernde selbst hat bereits die Erfahrung der Liebe gemacht und indem er sich zurück in die Kindheit versetzt, verschwimmt das Ahnen des Kindes mit dem Wissen des Erinnernden. Ariadne verkörpert nach Stüssi die unerreichbare Liebe die im Zentrum des Labyrinths steht; das Kind – vergleichbar mit Theseus – sucht in dem Labyrinth nach dieser Liebe.[28] Die in der Vergangenheit des Kindes noch ferne Zukunft ist die Gegenwart des Erinnernden geworden. Das Labyrinth bezieht sich nicht nur auf das Ahnen der Liebe, sondern verkörpert zugleich die späteren Erfahrungen. Walter Benjamin beschrieb die Bordelle in Paris wie folgt:

> „Es ist auch nicht zu leugnen, daß ich in sein Zentrum, die Kammer mit
> dem Minotaurus geraten bin, nur daß dies mythologische Ungeheuer drei
> Köpfe hatte; nämlich diejenigen der Insassen des kleinen Bordells in der

---

[22] Vgl. ebd.
[23] Stüssi, Anna: Erinnerung an die Zukunft. Walter Benjamins „Berliner Kindheit um Neunzehnhundert". Göttingen: Vandenhoeck & Ruprecht 1977, hier S. 15, (im Folgenden zitiert als: Stüssi: Erinnerung).
[24] Vgl. ebd.
[25] Vgl. ebd.
[26] Ebd., S. 17.
[27] Vgl. Benjamin: Berliner Kindheit, S. 23.
[28] Vgl. Stüssi: Erinnerung, S. 17.

Rue La Harpe das ich mit Aufbietung meiner letzten Kräfte (und zum Glück nicht ohne den Faden der Ariadne) betrat."[29]

Der Mythos der Ariadne erscheint wie ein Faden, der sich durch das Leben des Erinnernden zieht und die Vergangenheit, Gegenwart und Zukunft in dem Labyrinth des Lebens mit einander verknüpft.

Die Gedanken des Kindes verirren sich in dem Labyrinth, welches bildhaft sowohl die traumartige Erinnerung, als auch die Hoffnung des Kindes verdeutlicht. Als der Erinnernde Jahre später als Erwachsener an diesen Ort zurückkehrt, wirkt der Tiergarten entzaubert. Seine Schritte führen über Asphalt[30], was bedeutet, dass er sich auf dem gewohnten Weg fortbewegt und die kindliche Traumwelt der Realität weicht. Das „zweideutige[ ] Licht"[31] auf dem Pflaster verdeutlicht die zwei unterschiedlichen Blickwinkel auf den Tiergarten. Trotz der Ernüchterung scheint die Rückkehr mythisch verhüllt zu sein:

> „In ihrem Zeichen wurde der alte Westen zum antiken, aus dem die westlichen Winde den Schiffern kommen, die ihren Kahn mit den Äpfeln der Hesperiden langsam den Landwehrkanal herauffflößen, um bei der Brükke des Herakles anzulegen."[32]

Der Wunderbaum, der die Äpfel der Hesperiden trägt, steht in einem paradiesähnlichen Garten, der von dem Drachen Ladon bewacht wird.[33] Herakles gelingt es die Äpfel, die Unsterblichkeit und ewige Jugend verleihen, zu beschaffen.[34] Das paradiesische Bild und die damit verbundene Versprechung verdeutlicht die Sehnsucht des Rückkehrenden nach der Erfüllung der Träume aus der Vergangenheit.[35]

Zusammenfassend kann man sagen, dass in dem Textfragment „Tiergarten" das Aufgreifen der griechischen Mythologie als Verbindungspunkt zwischen den Erinnerungen des Kindes und den Erinnernden selbst fungiert und somit den Erinnerungsvorgang näher beschreibt. Ob dies auf alle mythischen Referenzen in „Berliner Kindheit um 1900" zutrifft gilt es im Folgenden zu untersuchen.

---

[29] Benjamin, Walter: Berliner Chronik. Berlin: Hofenberg 2015, hier S. 7.
[30] Vgl. Benjamin: Berliner Kindheit, S. 24.
[31] Ebd.
[32] Ebd., S. 25.
[33] Vgl. Göll: Geschichte der Mythologie, S. 183.
[34] Vgl. ebd.
[35] Vgl. ebd.

3.3 Das Telefon

Auch im Textfragment „Das Telefon" tauchen Verweise auf die griechische Mythologie auf: Der Vater des Kindes, der „Drohungen und Donnerworte[ ]"[36] in den Telefonaten mit Ämtern hervorbringt, wird mit Zeus verglichen. Das Kind ist sich sicher, dass der Beamtin als Strafe der Schlag drohe.[37] Das Telefon dient somit als Waffe des Zeus, durch das er Donner und Blitze schickt. Auf den ersten Blick erscheint der Zusammenhang zwischen dem Vater und dem griechischen Donnergott Zeus zusammenhanglos, auf den zweiten Blick jedoch scheint der strenge und autoritäre Vater für das Kind selbst ein Mythos zu sein. Der Vater wird durch den Vergleich mit Zeus als mächtig, gefährlich und unnahbar charakterisiert und somit wird der verhüllte Mythos der Vaterfigur dadurch für den Leser entlarvt.

Man kann an dieser Stelle festhalten, dass der Bezug zur griechischen Mythologie zum einen als Charakterisierung des Vaters dient, zum anderen aber auch als Mittel zur Enthüllung des bestehenden Mythos eines behutsamen und fürsorglichen Vaters fungiert.

3.4 Die Siegessäule

In dem Textfragment „Die Siegessäule" schaut Benjamin mit dem Blick eines Kindes auf mythische Elemente des Kaiserreiches und auch hier sind Einflüsse von Autor auf Erzählerfigur sichtbar. Die Siegessäule steht hierbei laut Christine Ruppert für „eine[n] besonders prominenten Ort der Inszenierung von nationalem kollektiven Gedächtnis"[38] – das nationale Gedächtnis wandele „historische Ereignisse in Mythen mit affektiver Wirkungsmacht um"[39], diese Symbole erhalten demnach den Mythos des Kaiserreiches weit über die Lebensspanne der menschlichen Mythenträger hinaus.[40] Der kindliche Blick verkennt jedoch nicht den Einfluss, den ein solches Monument auf die Menschen hat. So schreibt Benjamin:

> „Sie stand auf dem weiten Platz wie das rote Datum auf dem Abreißkalender. Mit dem letzten Sedantag hätte man sie abreißen sollen"[41].

---

[36] Benjamin: Berliner Kindheit, S. 19.
[37] Vgl. ebd.
[38] Ruppert, Christine: Walter Benjamins Berliner Kindheit um Neunzehnhundert: Die Siegessäule als Ort der Inszenierung von kollektivem Gedächtnis. In: Kritische Ausgabe, Nr.20, S.7-10, hier Seite 8 (im Folgenden zitiert als: Ruppert: Siegessäule).
[39] Ebd.
[40] Vgl. ebd.
[41] Benjamin: Berliner Kindheit, S. 16.

Der Sedantag war ein jährlicher Gedenktag des deutschen Kaiserreiches, der an den entscheidenden Sieg nahe der Stadt Sedan im Deutsch-Französischen Krieg 1870/71 erinnerte. Laut Christine Ruppert offenbart sich der Autor, der nun in der NS-Zeit lebt – in der die militaristisch-nationalistische Weltanschauung des Kaiserreiches ihren schrecklichen Höhepunkt erreicht[42] – mit dem folgenden Abschnitt seiner vermeintlich kindlich-naiven Erzählerfigur:

> „ich [stand] mit meiner Gouvernante in der Reihe, um einen Herrn zu bestaunen, der im Zylinder in den Polstern lehnte und »einen Krieg geführt« hatte. So sagte man. Mir schien das großartig aber nicht einwandfrei; wie wenn der Mann ein Nashorn oder Dromedar »geführt« und damit seinen Ruhm erworben hätte"[43].

Laut Ruppert entlarvt diese vermeintlich vom Kind missverstandene Formulierung von „etwas führen" – also einen Krieg führen, so als ob man ein exotisches Tier führe – die „blinde und unkritische Begeisterung einer Zivilbevölkerung für den staatlich geförderten Militarismus und die expansive Kolonialpolitik des Kaiserreiches, die selbst keine Ahnung hat, was es eigentlich bedeutet, ›einen Krieg zu führen‹." Rupperts Interpretation wird im Folgenden in der Darstellung des Säulenschmucks, in Form von Beutekanonen, der Angst des Kindes vor dem Wendelgang – in dem das Kind Parallelen zwischen den dortigen Mosaiken, die den Sieg über Frankreich zeigen, und der Darstellung der Hölle in Dantes Göttlicher Komödie zieht – sowie der Darstellung der Siegesallee untermauert.[44]

Insbesondere die (in der heutigen Form so nicht mehr existierende) Siegesallee stand mit seinen 32 Marmordenkmälern aller Markgrafen und Kurfürsten Brandenburgs und Könige Preußens für den Mythos des Kaiserreiches[45]. Sie war bereits zu Errichtungszeiten umstritten.[46]

---

[42] Vgl. Ruppert: Siegessäule, S. 9.
[43] Benjamin: Berliner Kindheit, S. 16.
[44] Vgl. Ruppert: Siegessäule, S. 9.
[45] Walter, Susanne: Denkmalgruppe Siegesallee. Internet-Publikation. In: Senatsverwaltung für Stadtentwicklung und Umwelt: http://www.stadtentwicklung.berlin.de/berlin_tipps/grosser_tiergarten/de/sehenswertes/kunstdenkmale/denkmalgruppe_siegesallee.shtml. Eingesehen: 04.08.2015.
[46] Conrad, Andreas: Die Siegesallee: Des Kaisers neue Puppen. Internet-Publikation, in: Der Tagesspiegel 2000: http://www.tagesspiegel.de/berlin/die-siegesallee-des-kaisers-neue-puppen/181020.html. Erschienen: 22.11.2000. Eingesehen: 04.08.2015.

Als Fazit kann man ziehen, dass Benjamin in „Die Siegessäule" zwar keine griechischen mythologischen Elemente aufgreift, aber den zur Zeitgeist gehörenden Kaiserreichsmythos thematisiert und auch hier die Grenzen zwischen kindlichen Erinnerungen und Autor aufgeweicht werden.

4. Die Betrachtung der märchenhaften Elemente

4.1 Märchen in „Berliner Kindheit um 1900"

Nachdem mehrere Textfragmente auf ihre mythologischen Intertexte hin untersucht wurden, sollen nun im Anschluss die intertextuellen Verweise auf Märchen – insbesondere Grimms Märchen – in „Berliner Kindheit um 1900" näher betrachtet werden. Bei der Untersuchung sollte beachtet werden, dass Walter Benjamin eine „Leidenschaft für Märchenbücher"[47], im Speziellen für Grimms Märchen hegte.

Vorab wird eine kurze Einführung über die Funktionen von Märchen gegeben, um die folgende Ausarbeitung verständlicher zu machen.

4.2 Die Funktion von Märchen

Laut Max Lüthi stammt der Begriff „Märchen" von „Mär" ab und bezeichnet eine kurze Erzählung. Die Mären hatten zunächst den eher negativen Ruf einer Lügengeschichte.[48] Dieser Ruf verbesserte im 19. Jahrhundert unter anderem durch die erfolgreichen Sammlungen von Grimm, für die sich auch der Begriff „Volksmärchen" gebildet hat.[49]

Lüthi nennt als wesentliche Kennzeichen des europäischen Volksmärchens „die Neigung zu einem bestimmten Personal, Requisitenbestand und Handlungsablauf und dadurch die Neigung zu einer bestimmten Darstellungsart (Stil)"[50].

Als Personal ist zur Hauptfigur ein Held oder eine Heldin der „menschlich-diesseitigen Welt" bestimmt.[51] Alle Nebenfiguren beziehen sich auf den Helden, wobei Nebenfiguren und Opponenten häufig der nichtmenschlichen Welt angehören.[52] Haupt- und Nebenfiguren, Helden und Schurken werden plakativ in Katego-

---

[47] Palmier, Jean-Michel: Walter Benjamin. Lumpensammler, Engel und bucklicht Männlein. Ästhetik und Politik bei Walter Benjamin. Hamburg: Suhrkamp 2009, hier S. 233.
[48] Vgl. Lüthi, Max: Märchen. Bearb. von Heinz Rölleke. 8. Aufl. Stuttgart: Metzler 1990 (Sammlung Metzler Bd. 16), hier S. 1 (im Folgenden zitiert als: Lüthi: Märchen).
[49] Vgl. ebd.
[50] Ebd., S. 25.
[51] Ebd., S. 27.
[52] Vgl. ebd.

rien eingeteilt (gut und böse, hässlich und schön, groß und klein). Ebenso wie Personen werden Requisiten eingeteilt in Dinge aus dieser Welt und „Zauberdinge".[53] Die Darstellungsart des Märchens folgt einer „Bestimmtheit und Klarheit", ausschweifende Beschreibungen von Figuren (z.b. deren Gefühle und Intentionen) und Umgebung sind selten.[54] Der Handlungsverlauf ist recht einfach konstruiert: Es gibt eine Ausgangslage, die einen Mangel oder eine Not darstellt und dann den Helden oder die Heldin, deren Aufgabe es ist, diese Not zu beenden.[55]

Die grundsätzlich plakativ sozialkritische Einstellung von Märchen – der Kampf gegen Ungerechtigkeiten, Armut und Reichtum, Gut gegen Böse – sowie die fantastischen Elemente, die auf den „Helden" einwirken, finden sich in den Kindheits-Erzählungen von Benjamin wieder, wie im folgenden Abschnitt zu sehen.

4.3 „Der Nähkasten"

Das Erzählungsfragment „Der Nähkasten" zeigt deutlich die intertextuellen Verweise auf Grimms Märchen:

> „Die Spindel kannten wir nicht mehr, die das Dornröschen stach und es
> in hundertjährigen Schlaf versenkte. Aber wie Schneewittchens Mutter,
> die Königin, am Fenster, wenn es schneite saß, so hat auch unsere Mutter
> mit dem Nähzeug am Fenster gesessen, und nur darum fielen keine drei
> Tropfen Blut, weil sie einen Fingerhut bei der Arbeit trug."[56]

Hier wird zugleich auf zwei bekannte Märchen verwiesen: Dornröschen und Schneewittchen. Der Bezug auf Dornröschens Spindel verweist auf die Vergangenheit, in der das Garn noch selbst gesponnen wurde. Ebenfalls kann die Spindel als Symbol des Schicksals angesehen werden. Zum einen entscheidet die Spindel in Grimms Märchen über das Schicksal Dornröschens, zum anderen erinnert sie ebenfalls an den Mythos der drei Parzen, die den Schicksalsfaden spinnen. Das Vergangene wird somit mit dem Schicksal assoziiert, so dass die Vermutung nahe liegt, dass auch hier die kindlichen Erlebnisse als Verknüpfungspunkt zwischen Vergangenheit, Gegenwart und Zukunft gesehen werden könnten.

---

[53] Ebd., S 28.
[54] Ebd., S. 29.
[55] Vgl. ebd., S. 25.
[56] Benjamin: Berliner Kindheit, S. 71.

12

Der Vergleich der eigenen Mutter mit Schneewittchens Mutter, der Königin, zeigt den Blickwinkel des Kindes auf die Mutter: die Königin, die ihren Herrschersitz am Nähtisch hat.[57] Zu Beginn von Grimms Schneewittchen heißt es:

> „Es war einmal mitten im Winter, und die Schneeflocken fielen wie Federn vom Himmel herab, da saß eine Königin an einem Fenster[…] und nähte. Und wie sie so nähte und nach dem Schnee aufblickte, stach sie sich mit der Nadel in den Finger, und es fielen drei Tropfen Blut in den Schnee."[58]

Sowohl das Fenster, als auch das Nähen scheinen die Verbindungspunkte zwischen dem Märchen und der Realität zu sein. Der Fingerhut verdeutlicht die verflossene Zeit und verweist auf den Fortschritt der Erfindungen hin, der die Mutter vor dem Vergießen der drei Bluttropfen bewahrt. Ebenfalls wird die Verletzlichkeit der Mutter impliziert, da nur durch den Fingerhut die Blutstropfen vermieden werden können. Der Vergleich des Fingerhutes mit einer kleinen Krone[59] referiert wiederum auf die Mutter als Königin, deren „Bannkreis"[60] Wirkung auf das Kind ausübt. Die Trennung von Fiktion und Realität wird jedoch verwischt, indem der Fingerhut der Mutter mit der Krone Schneewittchens assoziiert wird und der Mutter eine Machtposition verschafft.[61] Die Märchenfigur scheint für das Kind Eins mit der realen Persönlichkeit der Mutter zu werden. Somit wird auch hier, ähnlich wie in dem Text „Das Telefon", der intertextuelle Verweis als Mittel der Charakterisierung verwendet. Dem Kind erscheint die Tätigkeit der Mutter märchenhaft. Durch den direkten Vergleich der eigenen Mutter mit Schneewittchens Mutter wird die alltägliche Tätigkeit des Nähens, als etwas Märchenhaftes enthüllt.

Der Nähkasten und dessen Inhalt verlockt das Kind.[62] Der Kasten an sich ist zweigeteilt: der obere Teil ist geordnet, alles hat seinen Platz und glänzt und blinkt, während der untere, „finstere"[63] Teil des Nähkastens aus Materialresten und losen Fäden be-

---

[57] Benjamin: Berliner Kindheit, S. 71.
[58] Grimm, Jacob und Wilhelm: Schneewittchen. In: Grimms Märchen. Kinder- und Hausmärchen gesammelt durch die Brüder Grimm, hg. von Heinz Rölleke. Vollständige Ausgabe auf der Grundlage der dritten Auflage (1837), hier S. 235-236.
[59] Vgl. Benjamin: Berliner Kindheit, S. 71.
[60] Ebd., S. 72.
[61] Vgl. ebd., S. 71.
[62] Vgl. ebd.
[63] Ebd.

steht.[64] Ordnung und Chaos, zwei Kontrastelemente, sind in diesem Nähkasten vereint und könnten auch auf das Erinnern bezogen werden. Zum einen gibt es die Kindheitserinnerungen die klar und geordnet sind, wie zum Beispiel die detaillierte Erinnerung an den Nähkasten der Mutter, zum anderen besteht die Kindheitserinnerung aus vielen losen Fäden, die ungeordnet in Erscheinung treten, vergleichbar mit den Erinnerungsfragmenten in „Berliner Kindheit um 1900".

5. Fazit mit Ausblick

Bei Max Lüthi unterscheiden sich Märchen und Mythos wie folgt: Im Märchen werden die Vorgänge auf den Menschen bezogen, auf die „von Wundern getragene handelnde Figur"[65] und ist eher spielerisch, während im Mythos höhere Mächte unabhängig vom Menschen die Welt modellieren und strukturieren und dieser eher ernst ist.[66]

Diese Einschätzung findet sich in Benjamins Texten wieder. Märchenhafte Elemente verdeutlichen die Phantasiewelt des Kindes, eine, wie vorhin beschrieben, von Wundern getragene Sichtweise auf die Dinge. Neben den wundersam-märchenhaften finden sich in seinen Texten auch mythisch-respekteinflößende Aspekte, das Labyrinth des Minotaurus, der göttergleiche Vater oder der Mythos der Kaiserzeit.

Typisch für Märchen ist, dass sie meist gut ausgehen und dass Gerechtigkeit hergestellt wird. Walter Benjamin schrieb „Berliner Kindheit um 1900" im Exil um, zu einer Zeit, wo die verzweifelte Hoffnung auf „ein gutes Ende" sehr groß gewesen sein muss. Dies könnte mit ein Grund dafür sein, dass die in der Kindheit märchenhafte Sichtweise in der Erzählung aufgedeckt wird und somit einen Platz in der Erzählung findet.

Wie Nicolas Pethes zurecht vermutete, dienen die intertextuellen Gefüge bei Erinnerungstexten nicht nur der „literarische[n] Spurensuche"[67], sondern scheinen weitere Funktionen zu erfüllen.

Im Mythos ist, wie bereits beschrieben, der Mensch höheren Kräften ausgeliefert. Neben der märchenhaften Hoffnung von Autor und Kind, dass alles ein gutes Ende

---

[64] Vgl. ebd.
[65] Lüthi: Märchen, S. 11.
[66] Vgl. ebd.
[67] Pethes, Nicolas: Mnemographie. Poetiken der Erinnerung und Destruktion nach Walter Benjamin. Tübingen: Niemeyer 1999, hier S. 273.

finden wird, sind die Mythen des Kaiserreiches, des Labyrinths oder des Vaters allgegenwärtig.

Man kann die von Benjamin beschriebenen Stationen in der kindlichen Sicht als alltägliche Märchen und Mythen betrachten. Nach Barthes' „Mythen des Alltags" ist der Mythos eine Aussage, eine Form des Bedeutens - und alles kann ein Mythos werden[68]. Benjamin verwendet bereits bekannte Märchen und Mythen, verbindet diese mit den alltäglichen Mythen und Märchen und deckt sie damit auf.

Da im Rahmen der Hausarbeit die Untersuchung auf die märchenhaften und mythologischen Elemente eingeschränkt werden musste, könnten die Betrachtungsaspekte in weiterführenden Studien auf andere Intertexte in „Berliner Kindheit um 1900" ausgeweitet werden und auf deren Funktion für das Erinnern überprüft werden.

---

[68] Barthes, Roland: Mythen des Alltags. Übersetzt von Helmut Scheffel. Frankfurt am Main: Suhrkamp 1964, hier S. 85.

6. Literaturverzeichnis

Barthes, Roland: Mythen des Alltags. Übersetzt von Helmut Scheffel. Frankfurt am Main: Suhrkamp 1964.

Benjamin, Walter: Berliner Chronik. Berlin: Hofenberg 2015.

Benjamin, Walter: Berliner Kindheit um 1900. Frankfurt: Suhrkamp 2013.

Conrad, Andreas: Die Siegesallee: Des Kaisers neue Puppen. Internet-Publikation, in: Der Tagesspiegel 2000: http://www.tagesspiegel.de/berlin/die-siegesallee-des-kaisers-neue-puppen/181020.html. Erschienen: 22.11.2000. Eingesehen: 04.08.2015.

Göll, Hermann: Illustrierte Geschichte der Mythologie. Darmstadt: Bechtermünz 1991.

Grimm, Jacob und Wilhelm: Schneewittchen. In: Grimms Märchen. Kinder- und Hausmärchen gesammelt durch die Brüder Grimm, hg. von Heinz Rölleke. Vollständige Ausgabe auf der Grundlage der dritten Auflage (1837), S. 235-244.

Lemke, Anja: Berliner Kindheit um neunzehnhundert. In: Benjamin-Handbuch. Leben – Werk – Wirkung, hg. von Burkhardt Lindner. Stuttgart und Weimar: Metzler 2006.

Lindner, Burkhardt (Hrsg.): Benjamin-Handbuch. Leben – Werk – Wirkung. Stuttgart und Weimar: Metzler 2006.

Lüthi, Max: Märchen. Bearb. von Heinz Rölleke. 8. Aufl. Stuttgart: Metzler 1990 (Sammlung Metzler Bd. 16).

Palmier, Jean-Michel: Walter Benjamin. Lumpensammler, Engel und bucklicht Männlein. Ästhetik und Politik bei Walter Benjamin. Hamburg: Suhrkamp 2009.

Pethes, Nicolas: Mnemographie. Poetiken der Erinnerung und Destruktion nach Walter Benjamin. Tübingen: Niemeyer 1999.

Ruppert, Christine: Walter Benjamins Berliner Kindheit um Neunzehnhundert: Die Siegessäule als Ort der Inszenierung von kollektivem Gedächtnis. In: Kritische Ausgabe, Nr.20, S.7-10.

Stüssi, Anna: Erinnerung an die Zukunft. Walter Benjamins „Berliner Kindheit um Neunzehnhundert". Göttingen: Vandenhoeck & Ruprecht 1977.

Walter, Susanne: Denkmalgruppe Siegesallee. Internet-Publikation. In: Senatsverwaltung für Stadtentwicklung und Umwelt: http://www.stadtentwicklung.berlin.de/berlin_tipps/grosser_tiergarten/de/sehens wertes/kunstdenkmale/denkmalgruppe_siegesallee.shtml. Eingesehen: 04.08.2015.

Werner, Nadine: Zeit und Person. In: Benjamin-Handbuch. Leben – Werk – Wirkung, hg. von Burkhardt Lindner. Stuttgart und Weimar: Metzler 2006.

CPSIA information can be obtained
at www.ICGtesting.com
Printed in the USA
BVHW031040270319
543848BV00009B/1000/P

9 783668 041608